VORWORT

Sie sitzen am Schreibtisch oder stehen im politischen Rampenlicht. Sie sind schon zu Lebzeiten weltberühmt und man errichtet Denkmäler zu ihren Ehren, oder sie geraten in Vergessenheit und werden irgendwann von der Nachwelt neu entdeckt. Manche haben nicht einmal eine Schule besucht, und doch können wir von ihnen lernen. Die Leitfiguren in diesem Heft haben bei aller Individualität eines gemeinsam. Die Beispiele zeigen, wie ein Leben verlaufen kann, wenn es in den Horizont eines Ideals, eines Glaubens gestellt oder auf ein Ziel hin ausgerichtet wird. Sie sind weder Helden ohne Fehl und Tadel noch sind sie Heilige. Ihr Leben und Wirken aber hat Spuren hinterlassen. Wenn wir diesen Spuren nachgehen, sie für uns wiederentdecken, mit anderen darüber ins Gespräch kommen, können wir uns ein Bild davon machen, was gelebte Versöhnung, Gerechtigkeit, Barmherzigkeit, Aufrichtigkeit bedeuten. Wie sich Nachfolge im Sinne Jesu ausdrücken kann. Nicht mehr, aber auch nicht weniger.

DIE ANSCHAUUNG IST DAS FUNDAMENT DER ERKENNTNIS
JOHANN HEINRICH PESTALOZZI
1746-1827

Vor 200 Jahren schrieb der Schweizer Dorfschullehrer Hans Gregorius Haselstock einen Beschwerdebrief an seine Vorgesetzten. In letzter Zeit, klagte er, würde sein ganzes pädagogisches Lebenswerk, auf das er nicht ohne Stolz zurückblicke, von vornehmlich jungen Kollegen zuschanden gemacht. Diese Subjekte befleißigten sich der „nagelneuen Manier", die Schulkinder „sogar zum Nachdenken und Selbstdenken" anzuhalten! Und als sei das nicht schlimm genug, meinten sie auch noch, das pädagogische Unterrichtsinstrument des Rohrstocks hätte ausgedient. Aber nicht mit Hans Gregorius Haselstock! „Ich schlage, Gott sei Dank, seit zwanzig Jahren einen guten

Hieb", dröhnt der Schulmeister in seinem Brief, „und will auch fernerhin die Nachkommenschaft unserer Gemeinde ehrbarlich zusammenhauen." Im Übrigen habe er herausgefunden, wer hinter den Unruhestiftern stecke: die Wurzel allen Übels sei ein gewisser „Herr Pistulazzi".

Der Schriftsteller Heinrich Zschokke, dem wir die Erfindung des Schulmeisters Haselstock („Der Stock ist das Fundament der Unterweisung!") verdanken, hat mit diesem fingierten Brief einem der bedeutendsten Pädagogen bereits zu Lebzeiten ein schönes Denkmal gesetzt.

Dabei war Johann Heinrich Pestalozzi, der den Stock aus der Schulstube verbannte, anfangs als Landwirt tätig, gründete eine Armenanstalt und scheiterte alsbald. Hab ich doch kommen sehen, hätte Schulmeister Haselstock triumphiert, denn die „nagelneue Manier" Pestalozzis war die Verbindung von Handwerk und Landwirtschaft mit Unterricht in den Elementarfächern.

Pestalozzi tauschte sodann die Heugabel gegen den Schreibstift aus und arbeitete viele Jahre lang als Redakteur und Schriftsteller; in dieser Zeit verfasste er wichtige sozialpolitische Schriften. 1799 kehrte er in die Praxis zurück und wurde – Schulmeister. Er leitete ein Waisenhaus in Stans, bildete in Burgdorf angehende Lehrer aus und gründete 1804 sein Erziehungsinstitut in Yverdon im Waadtland. Zeitweise betreuten hier über 30 Lehrkräfte mehr als 150 Schülerinnen und Schüler aus ganz Europa – Yverdon wurde zu einem Wallfahrtsort pädagogischer Reformer aus aller Welt, darunter spätere Berühmtheiten wie Fröbel und Diesterweg. Von Management schien

Pestalozzi allerdings wenig zu verstehen. Interner Zwist unter der Lehrerschaft trieb die Anstalt 1825 in den Ruin. Pestalozzis Leben und Werk war von Anfang an geprägt durch seine Parteilichkeit für das „gemeine Volk". Er entwickelte eine pädagogische Alternative zur damals üblichen Standeserziehung – die gestattete den Armen gerade mal das bisschen zu lernen, was für die Verrichtung von Fronarbeit für die Herrschenden nötig war.

Pestalozzi dagegen verlangte die Erziehung aller Menschen ohne Rücksicht auf ihre soziale Herkunft. Ihm ging es um die Entfaltung sämtlicher Anlagen. Anschauung als Fundament der Erkenntnis – wobei Geist, Herz und Hand gleichrangig berücksichtigt werden sollten, ein jedes nach seinen eigenen Gesetzmäßigkeiten. Die vornehmste Aufgabe des Pädagogen war, diese Gesetzmäßigkeiten zu erkennen, ernst zu nehmen und sich ihnen zu unterwerfen.

Pestalozzi hat die Zeitläufte überdauert: Das Kaiserreich stutzte ihn zwar aufs preußische Maß zusammen, so dass der Haselstock wieder zu seinem Recht kam; doch dann ging Preußen glanzlos unter, und die pädagogischen Reformbewegungen der zwanziger Jahre entdeckten Pestalozzi wieder neu.

Und heute? PISA beherrscht die öffentliche Diskussion, und die Verantwortlichen sind schnell ausgemacht: die Schulen. Dass Erziehung aber überhaupt nur gelingen kann, wenn sie zuallererst in den Familien stattfindet, war immer schon die Überzeugung Pestalozzis. Manche Eltern wären sicher gut beraten, wenn sie gelegentlich bei ihm einkehrten.

HEB AUF,
WAS GOTT DIR VOR DIE TÜR LEGT
EMMI BONHOEFFER
1905-1991

Die meisten kennen den Namen Dietrich Bonhoeffer; viele haben schon einmal vom Nobelpreisträger Max Delbrück gehört oder von Adolf Harnack. Der Erste war ihr Schwager, der Zweite ihr jüngster Bruder, und der große Theologe Harnack ihr Onkel.
Wer aber ist Emmi Bonhoeffer?
Am 13. Mai 1905 kommt Emmi, geborene Delbrück, als sechstes von sieben Kindern auf die Welt. Mit fünfundzwanzig heiratet sie Dietrich Bonhoeffers Bruder Klaus, der nach dem Attentatsversuch vom 20. Juli 1944 verhaftet und noch im April 1945 mit anderen Regimegegnern von der SS erschossen wird. Sieben Menschen aus Em-

mis Familie haben den Widerstand gegen das NS-Regime mit dem Leben bezahlt, ihr älterer Bruder Justus kommt zwar noch frei, stirbt aber kurz darauf in einem Lager der russischen Geheimpolizei.

Emmi Bonhoeffer bleibt wenig Zeit zu trauern. In einem holsteinischen Dorf, wohin sie aus dem zerbombten Berlin ihre drei Kinder in Sicherheit gebracht hat, drängen sich 5000 Einheimische und noch einmal 6000 Flüchtlinge auf engstem Raum. Die meisten davon besitzen nicht mehr als die Kleidung, die sie am Leib tragen.

Die Lebensmaxime „Heb auf, was Gott dir vor die Tür legt" hat Emmi Bonhoeffer geholfen, die Zeit bitterster Not durchzustehen, sich selbst und die ihr Anvertrauten nicht aufzugeben. Der Spruch entstammt einer Geschichte, die Emmis Mutter den Kindern vorgelesen hat: Da öffnet ein Mädchen die Haustür, findet einen Besen und fängt an zu fegen.

Emmi Bonhoeffer erhält Hilfssendungen aus den USA. Ein Dankesbrief gelangt in eine Zeitschrift der Unitarier, und nun folgt Paket auf Paket, Kleidung, Lebensmittel. Sie beginnt die Spenden zu verteilen, mit der Maßgabe, dass auch die Empfänger einander helfen. Die eine wäscht, die andere näht, ein Dritter hackt Holz, jemand repariert eine Wasserleitung, eine Landstraße wird ausgebessert, ein Sportplatz gebaut. Was anfangs als spontane Nachbarschaftshilfe gedacht war, besteht am Ende aus einem weit verzweigten Netzwerk mit über zwanzig Zweigstellen, die rasch und unbürokratisch den Bedürftigsten einen Neubeginn ermöglichen.

Emmi zieht mit ihren Kindern nach Frankfurt am Main. Sie hausen monatelang verteilt über mehrere hilfsbereite Familien, bis man endlich eine eigene Bleibe findet. Emmi engagiert sich im Evangelischen Hilfswerk und im „Hilfsring" für Not leidende Menschen in Ostdeutschland. Über Jahre hinweg schickt sie Tausende eigenhändig gepackte Päckchen mit Geld- und Sachspenden „nach drüben".

1964, während des Auschwitz-Prozesses, begleitet Emmi zusammen mit Freundinnen die Zeugen: Es sind KZ-Überlebende aus aller Welt, denen sie beisteht, lebenslang Traumatisierte, die durch die Befragungen vor Gericht schier unerträglichen seelischen Belastungen ausgesetzt sind. Persönliche Briefe an eine jüdische Freundin in den USA dokumentieren Emmis Erschütterung und zugleich ihre Entschlossenheit, der Schlussstrich-Mentalität in der Bevölkerung entgegenzuarbeiten. Und später, in einem Alter, da andere die Segnungen des Ruhestands genießen, stellt sich Emmi in den Dienst von Amnesty International, hält gemeinsam mit jungen Leuten Mahnwachen gegen die Raketenstationierung, spricht in Schulen über die deutsche Vergangenheit.

Emmi Bonhoeffer war keine „Prominente", die die Öffentlichkeit gesucht hätte, um sie zu belehren. Wer sie kannte, schätzte ihre Leidenschaft, ihren Charme, ihre Unbeirrbarkeit. Sie meinte, was sie sagte, und sie handelte, wie sie redete. Emmi Bonhoeffer starb nach einem erfüllten Leben, in dem sie stets beherzt nach dem gegriffen hat, was Gott ihr vor die Tür legte.

VON MENSCHLICHER WÄRME IN KALTER WELT
CHARLES DICKENS
1812-1870

Kann ein Schriftsteller die Welt verändern? Oder die Gesellschaft verbessern?
Wohl kaum. Haben denn Shakespeares Tragödien einen einzigen Mord verhindert? Kennt jemand auch nur einen Leser, der durch Schillers „Räuber" zum Kämpfer für die Freiheit oder der durch Goethes Gedichte edel, hilfreich und gut wurde?
Und doch gibt es sie, die Dichter, die sich nicht nur eingemischt haben, sondern deren Einmischung und Parteinahme auch erfolgreich gewesen ist.
„Er fühlte mit den Armen, den Leidenden, den Unterdrückten", steht auf einem Grab in der Dichterecke

der Londoner Westminster Abbey geschrieben. Das ist typisch englisches Understatement. Der hier begraben liegt, hat seine Fabulierkunst in den Dienst christlicher Nächstenliebe gestellt und seine immense Popularität dazu genutzt, seinem Publikum immer wieder ins Gewissen zu reden.

Charles Dickens, geboren 1812 und aufgewachsen in ärmlichen Verhältnissen, schrieb bis zu seinem Tod im Jahre 1870 gegen die erschreckenden sozialen Missstände an, die die Industrialisierung und die Umwälzung der englischen Gesellschaft hervorgebracht hatten.

Seine Romane und Erzählungen sind eine Skandalchronik des neunzehnten Jahrhunderts. In „Oliver Twist" nimmt er die gnadenlosen Armengesetze ins Visier, der Roman „Martin Chuzzlewit" stellt dem heruntergekommenen Schulwesen ein Armutszeugnis aus. „Bleakhouse" schildert Missstände der englischen Justiz; im sprichwörtlichen Londoner Nebel, der sich bis in die Gerichtssäle ausbreitet, stochern Heerscharen von Advokaten, und wehe dem Unschuldigen, der zwischen die Mühlsteine der Justiz gerät! Vollends gespenstisch ist das zeitgenössische England von „Klein Dorrit" – ein riesiges Gefängnis, in dem eine krakengleiche Verwaltungsbürokratie die Menschen im Würgegriff hält und die Wehrlosen gleichmütig zugrunde richtet.

Dickens gab den zu kurz Gekommenen, den aus der Gesellschaft Ausgestoßenen ein Gesicht und ein Schicksal und entlarvte damit zeitgenössische politische Theorien: Die taten Mitmenschlichkeit als Gefühlsduselei ab und beurteilten die wachsende Verelendung breiter Bevölkerungsschichten unter rein wirtschaftlichen Gesichtspunkten. So wurden die Armengesetze der dreißiger Jahre von ihren Erfindern als Erfolgsgeschichte ausgegeben, weil sie halfen, die öffentlichen Fürsorgekosten drastisch zu senken. Die Auswirkungen dieser Gesetze konnte man dann in „Oliver Twist" studieren. Der kleine Waisenjunge ist erst im Armenhaus durch verantwortungslose Gemeindebedienstete halb zu Tode verhungert, dann einem Sargmacher zur weiteren Ausbeutung ausgeliefert. In seiner Verzweiflung flieht er nach London und landet folgerichtig in den Slums und in den Fängen krimineller Gestalten.

Freunde, schreibt Dickens seiner Leserschaft ins Stammbuch, seht her: Ihr habt per Gesetz die Misshandlung der Armen verordnet, ihr bereitet damit den Boden für das grassierende Verderben in London, und dann beschwert ihr euch! Noch sitzt ihr behaglich in der ersten Etage, aber das Fundament ist marode wie die Bruchbuden der Unterwelt. Das ist die Leiche in eurem Keller!

Dickens klagt an, aber er lässt seine Leser nicht auf ihrem Scherbenhaufen sitzen. In all seinen Büchern gibt es Figuren, die mit gutem Beispiel vorangehen und, beseelt von Barmherzigkeit und Verantwortungsgefühl, die Bedrängten und Erniedrigten aus ihrer Not retten. Die sozialkritischen Attacken, und seien sie noch so heftig vorgetragen, sind die Hintergrundfolie für die große Versöhnung der Gegensätze, mit denen viele seiner Geschichten enden.

In Zeitungsartikeln jedoch verschärfte Dickens den Ton, den er in seinen Romanen anschlug, und seinen Worten ließ er Taten folgen: Er initiierte die Einrichtung eines Heims für „gefallene Mädchen", also für Prostituierte, und war beteiligt an Planung und Bau einer Mustersiedlung für Arbeiter in London. Für Benefizveranstaltungen schrieb er die Höhepunkte seiner Romane um, er schlüpfte auf der Bühne leidenschaftlich gern in die Rolle seiner Figuren, gestikulierte, tobte, schrie sich heiser. Er verausgabte sich. Mit 58 Jahren starb er an den Folgen eines Schlaganfalls.

Dickens verstand sich zeitlebens als öffentliche Person, doch als Ehemann und Familienvater blieb er weit hinter den eigenen Forderungen zurück. Er bürdete seiner Frau zehn Kinder auf und beklagte sich zugleich über ihr mangelndes Talent, eine adäquate Rolle an seiner Seite zu spielen. Kate Dickens reagierte mit kleinlichen Eifersüchteleien, wenn ihr Gatte anderen seine Hilfsbereitschaft zugute kommen ließ. Kurzum: Die Ehe scheiterte, und Dickens trug daran eine erhebliche Mitschuld.

So ist er nicht als Lichtgestalt in die Geschichte eingegangen, sondern als Mensch. Als radikaler Reformer, der selbst noch erleben durfte, wie seine wichtigsten sozialen Anliegen aufgegriffen, in Programme und Petitionen umgeschmiedet und am Ende in Gesetzen festgeschrieben wurden. Getragen wurden diese teils langwierigen politischen Prozeduren von einer ebenso schlichten wie überwältigenden Vision: Die Menschenwürde ist unantastbar.

HILF DIR SELBST, DANN HILFT DIR GOTT
FRIEDRICH WILHELM RAIFFEISEN
1818-1888

„Man nennt die Vereine nach meinem Namen. Ich habe dieselben indes nicht erfunden. Der erste Verein war ein Kind unserer Zeit, aus der Not geboren. Ich habe nur die Patenschaft dabei übernommen."

Ein Auftritt in aller Bescheidenheit. Dabei galt Friedrich Wilhelm Raiffeisen bereits zu Lebzeiten als großer Wohltäter der Landbevölkerung und ist heute unbestritten einer der bedeutendsten Sozialreformer des neunzehnten Jahrhunderts.

Als siebtes von neun Kindern kam er 1818 in Hamm im Westerwald auf die Welt. Zeitgenössische Berichte schildern die Region zwischen Lahn, Dill und Sieg als „Land der armen Leute". Es waren überwiegend Kleinbauern, die einen Boden bestellten, der kaum Erträge hergab, und deren kärgliches Dasein durch die klimatischen Verhältnisse erschwert wurde. „Auf deinen Hängen pfeift der Wind so kalt" – die launige Zeile im Lied über den Westerwald war für die Kleinbauern bittere Realität. Die abgelegene Gegend und das unterentwickelte Straßennetz warfen die Menschen auf sich selbst zurück. In wirtschaftlichen Dingen vollkommen unerfahren, gerieten sie in periodisch wiederkehrenden Hungersnöten häufig in einen Schuldenkreislauf, der schnell zum Verlust von Haus und Hof und direkt in die Verelendung führte.

Das war die Ausgangslage, als Raiffeisen 1845 sein Amt als Bürgermeister von Weyerbusch im Westerwald antrat. Im Hungerwinter 1846/47 rief er den „Verein für Selbstbeschaffung von Brod u. Früchten" ins Leben, um die größte Not zu lindern. Mit Hilfe privater Spenden kaufte er Mehl, in einem selbst errichteten Backhaus wurde Brot gebacken, das man an die Bedürftigen verteilte.

Mit dieser vorgenossenschaftlichen Initiative war nur der erste Schritt getan. Raiffeisens zukunftsweisende Idee war so einfach wie genial: „Nach meiner festen Überzeugung gibt es nur ein Mittel, die sozialen und besonders auch wirtschaftlichen Zustände zu verbessern, nämlich die christlichen Prinzipien in freien Genossenschaften zur Geltung zu bringen."

Orientiert an den Prinzipien der Selbsthilfe, Selbstverantwortung und Selbstverwaltung entstanden „Hülfsvereine". Bezugsgenossenschaften kauften preiswerte Produktionsmittel, etwa Saatgut, Vieh oder Gerät, auf weiter entfernten Märkten. Absatzgenossenschaften verkauften landwirtschaftliche Erzeugnisse. Zugleich betrieb Raiffeisen, was man heute Standortpolitik nennen würde: den Bau einer Straße, die von Weyerbusch bis nach Neuwied führte und die entlegene Region im Windschatten des Siebengebirges an die Verkehrswege des Rheintals anschloss. Er gründete Darlehnskassenvereine, die die eingelegten Gelder zu günstigen Konditionen an ihre Mitglieder verliehen, und eine Zentralbank, die die Geldflüsse der Darlehnskassen koordinierte.

„Hilf dir selbst, dann hilft dir Gott", wird Raiffeisen häufig zitiert. Er gebrauchte diese Losung aus seiner christlichen Überzeugung heraus. Um Jesu willen alles für den Bedürftigen zu tun, ihn nicht mit Almosen abzuspeisen, sondern ihn vielmehr in den Stand zu versetzen, sich selbst (und wiederum anderen) zu helfen: Das war Raiffeisens Vision von einer solidarischen, zutiefst menschlichen Gemeinschaft – eine Idee, der er sein ganzes Leben gewidmet hat. Sie hatte sich, als Raiffeisen 1888 im Alter von 70 Jahren starb, bereits in ganz Europa ausgebreitet. Heute sind in über 100 Ländern mehr als 500 Millionen Menschen in Genossenschaften nach Raiffeisens Vorbild organisiert.

Eigentlich wollte Raiffeisen ja Offizier werden. Den Militärdienst musste er jedoch wegen eines Augenleidens, das ihn später erblinden ließ, aufgeben. Welch ein Glück für die Zivilgesellschaft! Dementsprechend ist der Satz in einer Grußbotschaft einer Genossenschaft aus Trinidad: „Auch uns bringt es Segen, dass dieser Mann lebte."

EURE HERREN GEHEN, UNSER HERR ABER KOMMT
GUSTAV HEINEMANN
1899-1976

Was für ein Senkrechtstarter! würde man heute sagen: 1899 geboren, war Heinemann noch nicht einmal dreißig Jahre alt, als er Prokurist und Justitiar der Rheinischen Stahlwerke, danach deren Vorstandsmitglied wurde; nebenher lehrte er an der Universität Köln Wirtschafts- und Bergrecht. Eine steile Karriere – zugleich aber für ihre Zeit höchst untypisch, denn sie vollzog sich unterm Banner des Hakenkreuzes und zugleich in scharfem Widerspruch zu seinen Bannerträgern.
Von Haus aus ohne religiöse Bindung, wendet sich Heinemann an der Seite seiner kirchlich engagierten Frau Hilda einem entschieden evangelischen Christentum zu.

Er schließt sich dem Widerstand der Bekennenden Kirche an, nimmt an der Barmer Bekenntnissynode teil, berät als Jurist verfolgte Christen und unterstützt jüdische Mitbürger.

Mit anderen Ratsvertretern der EKD unterzeichnet Heinemann im Oktober 1945 ein Dokument, in dem die evangelische Kirche bekennt: „Durch uns ist unendliches Leid über viele Völker und Länder gebracht worden." Dieses sogenannte Stuttgarter Schuldbekenntnis bezeichnet Heinemann später als Dreh- und Angelpunkt seiner politischen Arbeit.

In der noch jungen Bundesrepublik entfaltet Heinemann eine beeindruckende politische Wirksamkeit, die ihn erst Oberbürgermeister von Essen werden lässt und später bis ins Justizministerium von Nordrhein-Westfalen und ins Präsidium der EKD-Synode führt. Im ersten Kabinett Adenauer ist er Bundesinnenminister, dann legt er aus Protest gegen die Wiederbewaffnung sein Amt nieder, kehrt der CDU den Rücken und gründet die Gesamtdeutsche Volkspartei. Ausdrücklich beruft er sich auf die Barmer Synode, als er gegen die Einbeziehung von Atomwaffen in die Landesverteidigung „das Recht…, ja sogar die Pflicht zur Gehorsamsverweigerung" einklagt. 1966 – Heinemann ist inzwischen SPD-Mitglied – nutzt er als Bundesjustizminister die Chance zur überfälligen Liberalisierung des Strafrechts. 1969 wird er ins höchste Amt der Bundesrepublik gewählt. Als Bundespräsident setzt er sich für die Versöhnung mit den Staaten Europas ein, die unter dem NS-Regime gelitten haben. Allerdings weiß er:

„Versöhnung ist nicht billig. Ein bloßes: Seid nett zueinander! genügt nicht. Versöhnung kostet die Überwindung der eigenen Feindseligkeit. Sie kann das Eingeständnis eigener Schuld gebieten… Auf der anderen Seite aber wächst Gewinn aus der Versöhnung. Die Kräfte, die sich im Streit verzehrten, werden frei zu besserem Tun."
Frei zu besserem Tun: Nicht der Krieg, sondern „der Frieden ist der Ernstfall". So erklärt sich Heinemanns Engagement für die damals noch neue Friedensforschung. Daher auch sein Eintreten für die Ostpolitik, die ihm sogleich den Vorwurf des Ausverkaufs deutscher Interessen einbringt. Deutschland ist ihm ein „schwieriges Vaterland" – immerhin Vaterland, und von niemandem lässt er sich diesen Begriff streitig machen, schon gar nicht von denen, die genau zu wissen meinen, in welchem politischen Kurs sich wahre Vaterlandsliebe ausdrückt. „Ich liebe nicht den Staat, ich liebe meine Frau", sagt Heinemann in einem Interview; die Ausgestaltung des Rechtsstaats, der in Frieden mit seinen Nachbarn lebt, bleibt ihm Zeit seines Lebens eine stete Herausforderung. 1976 stirbt Heinemann, hoch geachtet im In- und Ausland. Lebendig bleibt die Erinnerung an einen geradlinigen Demokraten und radikalen Christen, der, häufig quer zu allen Parteiinteressen, zielorientiert und allein in Verantwortung vor Gott sein politisches Geschäft betrieben hat. „Eure Herren gehen – unser Herr aber kommt!" hat er auf dem Evangelischen Kirchentag in Essen 1950 den Völkern der Welt zugerufen. Ein Glaubenssatz, mit dem sein ganzes Leben gleichsam überschrieben ist.

Rebellion
der weissen Kopftücher
Die Mütter der Plaza de Mayo

Alt sind sie geworden, die Frauen mit den weißen Kopftüchern. Jeden Donnerstagnachmittag kommen sie zusammen und umrunden eine halbe Stunde lang schweigend die Maipyramide auf dem Platz, nach dem sie benannt sind. Sie werden „Madres" genannt, Mütter, dabei sind viele von ihnen längst „Abuelas", Großmütter.
Argentinien 1981, im Jahr Sechs der Militärdiktatur: Zunächst war es nur eine Handvoll Frauen, die sich zu dem stummen Rundgang vor dem Präsidentenpalast auf der Plaza de Mayo in Buenos Aires formierte. Später wurden es Hunderte; viele von ihnen trugen Fotografien ihrer verschwundenen Kinder vor sich her.

Nehmen wir als Beispiel das Foto von Ysabel. Schon als junges Mädchen mischte sie sich ein, wenn Lehrer ihre Mitschülerinnen unfair behandelten. Ihrem Arbeitgeber wurde sie lästig, als sie ihn wiederholt wegen Unregelmäßigkeiten in der Lohnabrechnung zur Rede stellte. Sie fand zu einer Gruppe, die auf Flugblättern soziale Gerechtigkeit einklagte. Kurz nach der Machtübernahme der Militärs 1976 „verschwand" Ysabel. Ihre Mutter stellte Anträge, inserierte in Zeitungen, suchte Polizeistationen und Anwaltskanzleien auf – ohne Erfolg. Dann schloss sie sich den anderen Müttern von der Plaza de Mayo an. Ysabel kehrte nie wieder zurück. Sie ist eine der „Desaparecidos", der Verschwundenen: zu Hause abgeholt, von der Straße gekidnappt, in geheimen Lagern gefoltert, in Ölfässer einbetoniert, irgendwo verscharrt oder aus Militärhubschraubern ins Meer geworfen. Auf 30 000 junge Menschen schätzen Menschenrechtsorganisationen die Zahl der Verschwundenen.

Seit mehr als einem Vierteljahrhundert demonstrieren die Mütter von der Plaza de Mayo gegen das Unrecht, das ihre Familien auseinanderriss. Stumm verlangten und verlangen sie, auch heute noch im wieder demokratischen Argentinien, Aufklärung der Taten und Bestrafung der Schuldigen. Sie trotzten über Jahre hinweg den Repressalien der Polizeibehörden und den Anschlägen, die gedungene Knechte der Geheimdienste ausübten. In der ganzen Welt wurde das weiße Kopftuch zum Symbol ihres Kampfes für Gerechtigkeit und ihres friedlichen Widerstands.

1999, als die Mütter von der Plaza de Mayo nach vielen anderen Auszeichnungen den UNESCO-Preis für Friedenserziehung entgegennahmen, geriet ihr Anliegen auch in Deutschland in die Schlagzeilen. Einige Mütter – Jüdinnen, die vor den Nationalsozialisten aus Deutschland geflohen waren – baten die deutsche Justiz um Hilfe bei der Ahndung der Morde an ihren Kindern. Die Antwort kam einer Ohrfeige gleich. So erklärte sich die Staatsanwaltschaft Nürnberg-Fürth kurzerhand für nicht zuständig. Ihre Begründung: Die Klägerinnen seien keine deutschen Staatsbürger. Die Nazis hatten damals den betroffenen Frauen die deutsche Staatsbürgerschaft aberkannt.

In Néstor Kirchner, der 2003 zum Staatspräsident gewählt wurde, erhielten die Mütter der Plaza de Mayo endlich einen starken Verbündeten. Er hob die schändlichen Amnestiegesetze auf, die die Verantwortlichen bis dahin vor Strafverfolgung geschützt hatten. Daraufhin konnten zahlreiche Polizisten und Militärs unter Anklage gestellt werden.

Die „Desaparecidos" kehren dadurch nicht zurück, das wissen auch die Mütter der Plaza de Mayo. Ihren stummen Protest setzen sie gleichwohl fort. Alt sind sie geworden, einige von ihnen jenseits der Neunzig. Aber längst haben sie Verbündete – Frauengruppen, die in der ganzen Welt gegen ungesühnte Verbrechen protestieren, nach dem Vorbild der „Madres" mit ausschließlich friedlichen Mitteln und angetrieben allein von ihrem beharrlichen Streben nach Gerechtigkeit.

DEM MENSCHEN
SEINE WÜRDE WIEDERGEBEN
ABBÉ PIERRE
1912-2007

Was hat der Kapuzinermönch Abbé Pierre mit dem Fußballstar Zinédine Zidane gemeinsam?
Antwort: 30 Jahre lang stand Abbé Pierre in Umfragen an der Spitze der populärsten Franzosen, bis er sich 2005 von der Liste streichen ließ und Zinédine auf Platz 1 nachrückte.
Jahrzehntelang war Abbé Pierre *das* moralische Gewissen der französischen Nation. 1912 als Henri Antoine Grouès in Lyon geboren, erlebt er als Kind, wie sein Vater, der als Seidenfabrikant zu Wohlstand gekommen war, Obdachlose mit Nahrung und Kleidung versorgt. Der junge Henri geht einen Schritt weiter: 1930 tritt er in den Kapuziner-

orden ein und verteilt das gesamte väterliche Erbe an die Armen. 1938 wird er zum Priester geweiht, 1942 schließt er sich dem französischen Widerstand gegen die deutschen Besatzer an und wählt den Decknamen Abbé Pierre, den er später beibehält. Im Untergrund hilft er Pässe zu fälschen und unterstützt Juden bei ihrer Flucht in die Schweiz.

1945 bis 1951 ist er Parlamentsabgeordneter für die Mouvement Républicaine Populaire. Auf dem politischen Parkett wird er allerdings nie heimisch. 1949 gründet er die Obdachlosenwohnstätte Emmaus bei Paris, Keimzelle eines wahren Imperiums der Nächstenliebe, das heute auf vier Kontinenten Sozialwerke für Arme, Kranke, Obdachlose und Strafentlassene unterhält.

Wie ein Paukenschlag wirkte die Radioansprache von 1954, in der Abbé Pierre seine Landsleute aufforderte, endlich hinter dem warmen Ofen hervorzukommen und denen zu helfen, die keinen Ofen hatten. Im damaligen Paris hausten viele Menschen in bitterster Armut in Hütten und Zelten am Stadtrand, auf offener Straße erfror eine alte Frau, den Räumungsbefehl in der Hand, der sie aus ihrer Wohnung vertrieben hatte. Von der „Wut der Liebe" beflügelt, bat Abbé Pierre nicht um Mitleid, sondern klagte Solidarität ein. Unzählige Radiohörer, darunter auch Prominente wie Staatspräsident de Gaulle, Charlie Chaplin oder Yves Montand, halfen spontan mit Geld, Nahrungsmitteln und Kleidung. Auch die Regierung verstand die Botschaft und baute in Rekordzeit mehr als zehntausend Sozialwohnungen.

Gelegentlich hat man Abbé Pierre als „männliche Mutter Teresa" bezeichnet, aber dafür lag er sicherlich allzu oft mit der Lehrmeinung seiner Kirche über Kreuz. So solidarisierte er sich mit den Befreiungstheologen Südamerikas und setzte sich für Aidskranke ein, als viele seiner Glaubensbrüder noch von der „Geißel Gottes" als Strafe für losen Lebenswandel sprachen. Abbé Pierre verlangte das Ja der Kirche zur Empfängnisverhütung, stritt gegen das Dogma des Zölibats, forderte die Priesterweihe für Frauen. Im hohen Alter noch veröffentlichte er ein Buch, in dem er unumwunden zugab, dass er zwar sein Leben Gott gewidmet, dem fleischlichen Verlangen jedoch wiederholt nachgegeben habe.

Ein Narr im Hause Gottes? – „Instinkt der Frechheit" sagte er einmal und meinte wohl damit: Ich weiß selbst, wie weit ich gehen kann.

Einmal allerdings, 1996, verließen ihn sein Instinkt und alle guten Geister, als er sich öffentlich auf die Seite eines befreundeten Historikers schlug, der den Genozid an den Juden heruntergespielt hatte. Nach einer Welle der Entrüstung bat Abbé Pierre schließlich um Verzeihung. Sie wurde ihm gewährt, und die Franzosen liebten ihn nun umso mehr, weil sie sahen, dass er kein Heiliger, sondern wie sie ein Mensch aus Fleisch und Blut war.

„Lumpensammler von Paris" hat man Abbé Pierre einmal genannt, es war ihm zeitlebens ein Ehrentitel. Anfang 2007 starb er hochbetagt in einem Pariser Krankenhaus, bis zu seinem Tod ein energischer Streiter für die Gestrandeten, ein Stachel im Fleisch der Bequemen.

Der Autor
Robert Huefner wurde 1962 geboren. Er lebt und arbeitet als Archivar in Frankfurt am Main.

Bildnachweis
Titel: Waltraud Zizelmann, Geborgenheit und Halt, © RODRUN/Zizelmann
Seite 2: Heinrich Pestalozzi, Gemälde von G. F. A. Schröder, 1804, © agk-images
Seite 5: Emmi Bonhoeffer, geb. Delbrück, 1930, © agk-images
Seite 8: Charles Dickens, Gemälde von Ernst Hader, 1865, © agk-images
Seite 12: Friedrich Wilhelm Raiffeisen, Porträtaufnahme, undatiert, © agk-images
Seite 15: Gustav Heinemann, um 1970, © agk-images
Seite 18: Die Mütter vom Plaza de Mayo, 01. 01. 1984, © Ullstein Bild KPA
Seite 21: Abbé Pierre (Henri Antoine Groués), 1954, © agk-images, Daniel Frasnay

𝐴 © Agentur des Rauhen Hauses Hamburg 2008
www.agentur-rauhes-haus.de

Satz: Winfried Bensberg
Schrift: Times New Roman
Lithos: connected 2000 GmbH, Hamburg
Druck: Druckerei Buchheister GmbH, Lüneburg
Der Umwelt zuliebe gedruckt auf chlorfrei gebleichtem Papier.

ISBN 978-3-7600-8121-2
Best.-Nr. 1 8121-2